# Inhalt

**Bildungs-Controlling - Transparenz für den Erfolg von Weiterbildungsmaßnahmen**

Kernthesen

Beitrag

Fallbeispiele

Weiterführende Literatur

Impressum

# Bildungs-Controlling - Transparenz für den Erfolg von Weiterbildungsmaßnahmen

*Robert Reuter*

## Kernthesen

- Deutsche Unternehmen geben viel Geld für die Weiterbildung ihrer Mitarbeiter aus.
- Dadurch wächst der Wunsch, genauer zu wissen, ob sich diese Ausgaben für das Unternehmen amortisieren.
- Leisten kann dies ein detailliertes Bildungs-Controlling, das allerdings vor dem Problem steht, die nicht-monetären Auswirkungen einer Bildungsmaßnahme messbar zu machen.

# Beitrag

# Weiterbildung im Dienst der Unternehmensziele

Deutsche Unternehmen investieren viel Geld in die betriebliche Weiterbildung. Nach Angaben des Bundesinstituts für Berufsbildung sind es derzeit 35 Milliarden Euro, die jedes Jahr für die Qualifikation der Mitarbeiter ausgegeben werden. 2010 ermöglichten 83,2 Prozent der deutschen Unternehmen ihren Mitarbeitern den Besuch einer Weiterbildungsmaßnahme.

Nicht immer wird dabei jedoch darauf geachtet, dass die Investition tatsächlich den Unternehmenszielen dient und zu messbaren Erfolgen führt. Der Return of Investment (ROI) von Weiterbildungsmaßnahmen ist auch dadurch in Frage gestellt, dass Unternehmen versuchen, die Ausgaben für die Schulung ihrer Mitarbeiter niedrig zu halten. Dafür werden häufig Schulungen ausgesucht, die eher schnell und billig zu haben sind, als dass sie zielführend und nachhaltig wirken. In den Unternehmen hat sich noch viel zu wenig die Erkenntnis durchgesetzt, dass jede Investition in die Qualifikation der Belegschaft den Unternehmenswert steigert. (1)

# Qualitätssicherung in der betrieblichen Weiterbildung

Die mangelnde Verankerung der betrieblichen Weiterbildung in den Unternehmenszielen ist eine Folge davon, dass Bildung hierzulande noch immer kein Führungsthema ist. Experten monieren das Fehlen einer einheitlichen Qualitätssicherung im Weiterbildungssektor ebenso wie die noch immer seltene Implementierung eines Bildungsmanagements. Ansätze für ein qualifiziertes Bildungsmanagement bietet die Normenreihe zum Qualitätsmanagement DIN EN ISO 9001, die den Fokus zwar auf die Prozessqualität legt, damit aber wichtige Impulse auch für das Bildungsmanagement liefert. Ein weiteres Modell ist das der European Foundation for Quality Management (EFQM). Auch Total-Quality-Management (TQM) bietet geeignete Leitplanken für ein Weiterbildungswesen, das den Zielen des Unternehmens ebenso dient wie der Motivation der Mitarbeiter. (5)

# Der Kosten-Nutzen-Aspekt in der Weiterbildung

Die hohen Kosten für die betriebliche Weiterbildung

wecken in den Unternehmen zunehmend das Bedürfnis, den Nutzen der Maßnahmen auch in Zahlen darstellen zu können. Global agierende Unternehmen wie Aldi, Merck, Thomas Cook und Bridgestone und viele andere wollen wissen, ob sich die Bildungskosten auszahlen und bemühen sich darum um ein konsistentes Bildungs-Controlling. Schwierig macht die Sache das bekannte Problem aller Controlling-Ansätze, nämlich die Aufgabe, weiche Faktoren messbar zu machen. So führen Weiterbildungsmaßnahmen oft zu Verbesserungen, die für das Unternehmen wichtig sind, die sich aber kaum in Zahlen ausdrücken lassen. Solche weiche Faktoren sind beispielsweise ein verbesserter Wissenstransfer in der Firma, gesteigerte Loyalität zum Unternehmen oder die Arbeitszufriedenheit. In die Controlling-Forschung wurde darum der Begriff Value of Investment (VOI) eingeführt, mit dem auch nicht-monetäre und qualitative Faktoren wie geschaffene Wettbewerbsvorteile, Entwicklung der Unternehmenskultur oder die Steigerung der Motivation einbezogen werden. (2)

# Bildungs-Controlling als Steuerungsinstrument

Neben dem Wunsch der Unternehmen, Bildungserfolge messbar zu machen, kann ein

Bildungs-Controlling auch als Instrument der Steuerung dienen. Der Schwerpunkt des Controllings wandert dann von der schwieriger zu leistenden nachträglichen Evaluation hin zu einer simultanen Überwachung der Fortschritte und Ziele von Fortbildungsmaßnahmen. So können schon der Schulungsbedarf, die dafür notwendigen organisatorischen Aufgaben und die Kongruenz der Weiterbildung zu den Unternehmenszielen einem Controlling unterzogen werden. Eine Kosten-Nutzen-Analyse gibt beispielsweise Aufschluss darüber, ob weitere Fortbildungen etwa in einer Fremdsprache hinsichtlich der vom Arbeitsgebiet geforderten Fähigkeiten überhaupt notwendig sind. Der Controller muss dafür Auskunft geben können, welche Kenntnistiefe für die Erreichung von Unternehmenszielen Voraussetzung ist. Viele Fortbildungsmaßnahmen, die am eigentlichen Bedarf des Unternehmens und des Arbeitsplatzes vorbeigehen, ließen sich durch ein steuerndes Controlling vermeiden. (2)

## Reporting des Weiterbildungserfolgs

Eine andere Aufgabe für den Controller ist ein detailliertes Reporting. Um den Weiterbildungserfolg für das Unternehmen zunächst einmal zu dokumentieren, werden Daten zur Anwesenheit der Mitarbeiter, ihrer Zufriedenheit mit den Trainern und zur Beurteilung der Maßnahmen zusammengetragen. Der Schritt zu einer konsistenten Auswertung, die dem Controller das eigentlich notwendige Zahlenmaterial in die Hände gibt, ist dann gar nicht mehr so groß. Gleichwohl wird es auch zukünftig die Hauptaufgabe sein, die Auswirkungen von Fortbildungen auf den Unternehmenserfolg messbar zu machen. Wie bei den anderen derzeit heiß diskutierten neuen Ideen zum Unternehmens-Controlling - verhaltensorientiertes Controlling, Personal-Controlling oder Investitions-Controlling - besteht auch bei der Evaluierung von Bildungsergebnissen noch Nachholbedarf. (2)

# Trends

## Österreich: gute Jobaussichten für Controller

Eine 2011 in Österreich vorgenommene Untersuchung hat ergeben, dass Controller prinzipiell sehr gute Aussichten auf dem Arbeitsmarkt haben. Auf den deutschen Arbeitsmarkt übertragbar sind die Ergebnisse hinsichtlich der Anforderungen an

Controller. Diese liegen heute weitaus höher als noch vor zehn Jahren. Controller können sich heute nicht mehr hinter Zahlenkolonnen zurückziehen, sondern müssen ihre Ergebnisse kommunizieren können. Hierin muss sich der Controller von den Mitarbeitern beispielsweise der externen Rechnungslegung deutlich abheben. Verlangt wird von Controllern zudem die Fähigkeit, ganzheitlich und unternehmerisch denken zu können. Die Studie bestätigt damit den Eindruck, dass der Controller in den Unternehmen näher an die Führung heranrückt und immer mehr als Businesspartner fungiert. Ein Bachelor-Abschluss reicht den meisten Unternehmen hierfür nicht mehr, gefordert wird der Master. (7)

# Fallbeispiele

# Erfolgsmessung mit dem Vier-Quadranten-Portfolio

Zu den bereits vorhandenen Tools für die Messung von Weiterbildungserfolgen gehört das so genannte Vier-Quadranten-Portfolio (4QP). Das Werkzeug basiert auf den vier Evaluationsebenen Reaktion, Lernergebnis, Verhaltensänderung nach der Schulung und Erfolgsmessung mit harten Fakten. 4QP ermöglicht es, einen Überblick über die Wirkungen betrieblicher Weiterbildungsmaßnahmen unternehmensweit zu gewinnen. (5), (6)

## Bildungs-Controlling im Kreditsektor

Auch bei den Banken steckt Bildungs-Controlling noch in den Anfängen. Gleichwohl sind die Kreditinstitute bestrebt, Weiterbildungsmaßnahmen und deren Erträge für die Unternehmen systematisch zu erfassen. Bei der Sparda-Bank Berlin kümmern sich drei interne Trainer um die Fortbildung der Mitarbeiter. Die Personalentwickler der Bank arbeiten an einem Konzept zur Verankerung der Weiterbildung mit der Unternehmensstrategie. Dazu gehört ein Evaluationsbogen, den die Mitarbeiter ausfüllen und der Aufschluss darüber geben soll, ob der Transfer von Bildungsmaßnahmen in die Praxis funktioniert.

Bei der Postbank steht derzeit die Weiterbildungssteuerung im Fokus. Dafür wurde ein Vier-Schritte-Prozess geschaffen. Dieser besteht aus der anfänglichen Ermittlung des Bildungsbedarfs, der Definition der Bildungsziele, der Festlegung der Trainingsmaßnahmen und einer abschließenden Erfolgsmessung. (3)

# Volkswagen prüft Wissenstransfer

Die Messung der Wirksamkeit von Weiterbildungsmaßnahmen für die Betreiber der Autohäuser steht bei Volkswagen ganz oben auf der Agenda. Die Wolfsburger wollen wissen, wie nachhaltig sich neues Wissen bei den Vertriebspartnern nach dem Besuch einer Fortbildung ausbreitet. Auch hier wird zur Evaluierung mit Fragebögen gearbeitet. In der retrospektiven, ergebnisbezogenen Befragung sollen die Teilnehmer die Veränderungen ihrer Kompetenzen seit dem Training einschätzen. Mit den Ergebnissen ist VW bisher zufrieden. Es stellte sich heraus, dass die Teilnehmer ihre Verkaufskompetenz durch das Training verbessern konnten - was sich auch an leicht erhöhten Verkaufszahlen ablesen lässt. (4)

## Weiterführende Literatur

(1) Betriebliche Weiterbildung – Kostenfaktor oder Wettbewerbsvorteil?
aus wissensmanagement, Heft 6/2011, S. 42-43

(2) Bildungscontrolling – Weiterbildung transparent machen
aus wissensmanagement, Heft 7/2011, S. 52-53

(3) Erfolg von Fortbildungen besser einschätzen
aus Bankmagazin, Heft 2011/12, S. 58-59

(4) Am Ende zählt, was hängen bleibt
aus PERSONALmagazin, Heft 04/2012, S. 34

(5) Das Ziel: Ein gemeinsames Verständnis von Qualität
aus wirtschaft&weiterbildung, Vol. 20, Heft 07-08/2012, S. 30-33

(6) Zufriedenheitsbefragungen greifen zu kurz
aus Personalwirtschaft, Heft 07/2011, S. 59-61

(7) Aufgaben, Anforderungen und Karriereperspektiven im Controlling von Christoph Eisl, Rebecca Höfler, Peter Hofer und Heimo Losbichler
aus CONTROLLER Magazin, Heft 2/2012, S. 86-91

# Impressum

## Bildungs-Controlling - Transparenz für den Erfolg von Weiterbildungsmaßnahmen

**Bibliografische Information der deutschen Nationalbibliothek**

Die Deutsche Nationalbibliothek verzeichnet diese Publikation in der deutschen Nationalbibliografie; detaillierte bibliografische Daten sind im Internet über http://dnb.d-nb.de abrufbar.

ISBN: 978-3-7379-0106-2

© 2015 GBI-Genios Deutsche Wirtschaftsdatenbank GmbH, Freischützstraße 96, 81927 München, www.genios.de

Alle Rechte vorbehalten. Dieses Werk ist einschließlich aller seiner Teile – z.B. Texte, Tabellen und Grafiken - urheberrechtlich geschützt. Jede Verwertung außerhalb der Grenzen des Urheberrechtsgesetzes bedarf der vorherigen Zustimmung des Verlags. Dies gilt insbesondere auch für auszugsweise Nachdrucke, fotomechanische

Vervielfältigungen (Fotokopie/Mikroskopie), Übersetzungen, Auswertungen durch Datenbanken oder ähnliche Einrichtungen und die Einspeicherung und Verarbeitung in elektronischen Systemen.